P 2 6 2011

HAL•LEONARD®
KEYBOARD
PLAY-ALONG

Carole King

VOL. 22

W9-BFY-067

ISBN 978-1-4234-9802-5

In Australia Contact:
Hal Leonard Australia Pty. Ltd.
4 Lentara Court
Cheltenham, Victoria, 3192 Australia
Email: ausadmin@halleonard.com.au

Visit Hal Leonard Online at **www.halleonard.com**

HAL•LEONARD®
CORPORATION
7777 W. BLUEMOUND RD. P.O. BOX 13819
MILWAUKEE, WISCONSIN 53213

Carole King

CONTENTS

Page	Title	Demo Track	Play-Along Track
4	I Feel the Earth Move	1	2
11	It's Too Late	3	4
18	Jazzman	5	6
26	(You Make Me Feel Like) A Natural Woman	7	8
33	So Far Away	9	10
40	Sweet Seasons	11	12
56	Will You Love Me Tomorrow (Will You Still Love Me Tomorrow)	13	14
48	You've Got a Friend	15	16

I Feel the Earth Move

Words and Music by Carole King

Moderately fast (♩ = 120)

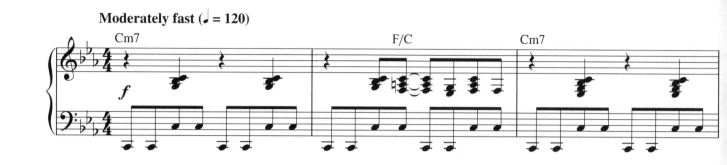

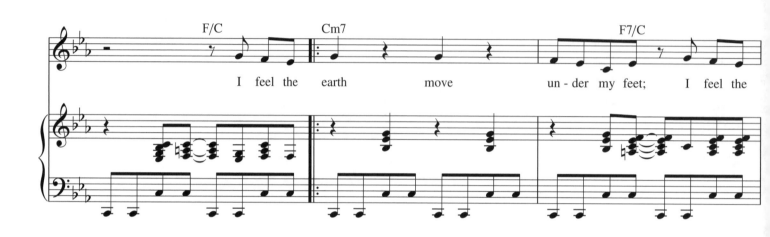

I feel the earth move un-der my feet; I feel the

sky __ tum-bl-ing down. __ I feel my heart start to trem-bl-ing

when-ev-er __ you're a-round. __ Ooh, __ ba-

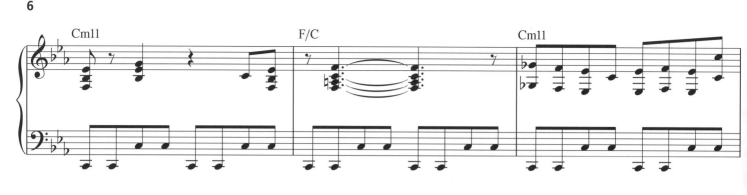

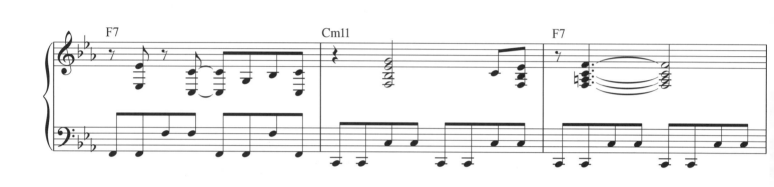

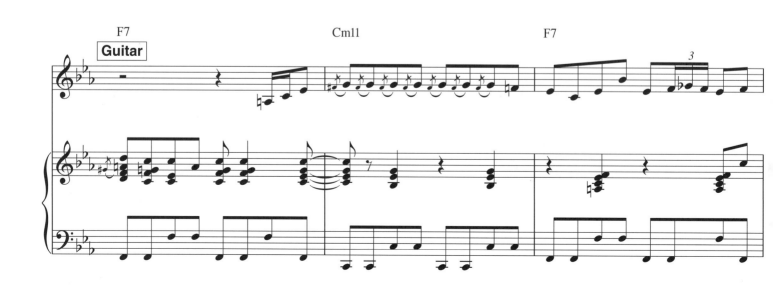

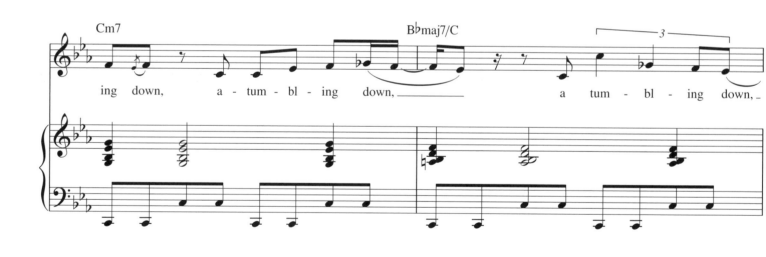

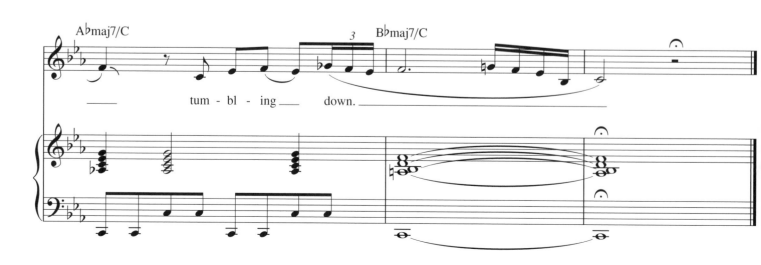

It's Too Late

Words and Music by Carole King and Toni Stern

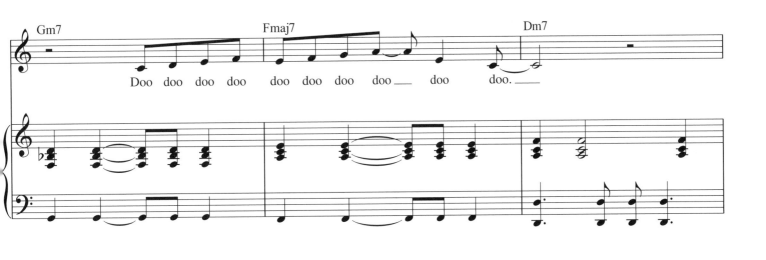

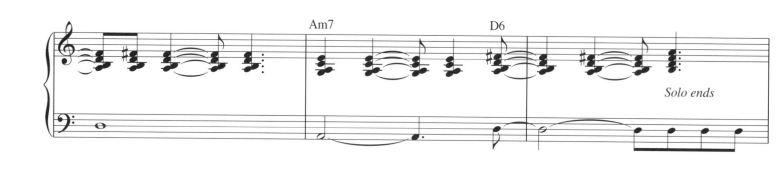

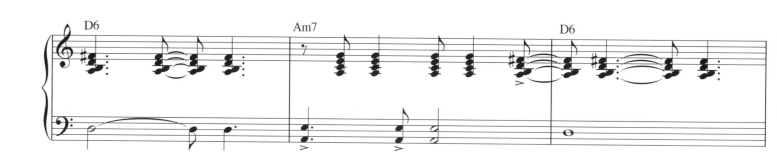

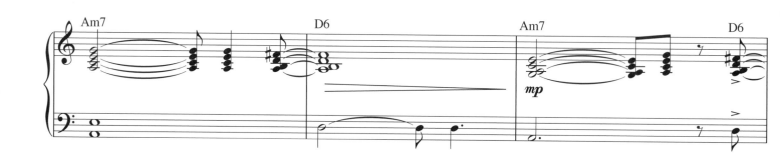

There'll be good times _ a - gain for me and _ you, _ but we

just can't stay to - geth - er; don't _ you feel it, too? Still, I'm

glad for what we _ had _ and how I _ once _ loved _

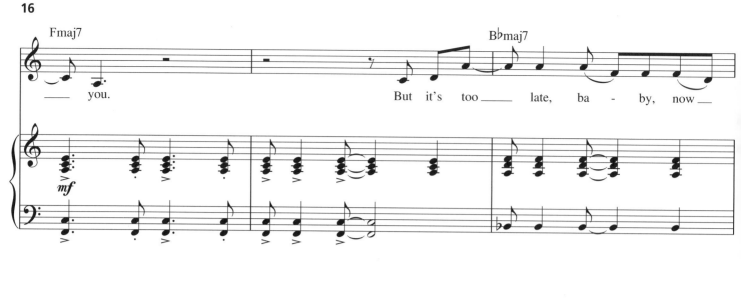

you. But it's too ___ late, ba - by, now ___

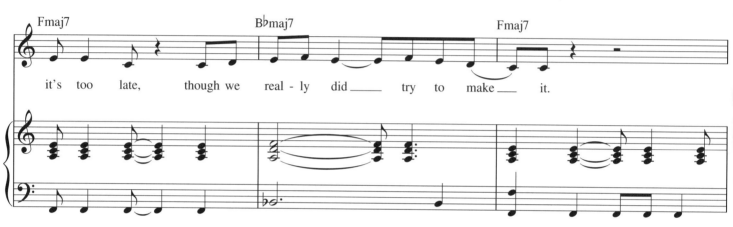

it's too late, though we real - ly did ___ try to make ___ it.

Some-thing in - side ___ has died ___ and I ___ can't hide ___ and I just ___ can't fake ___

___ it. Oh, ___ no, ___ no, ___ no, ___ no, ___ no. ___

Jazzman

Words and Music by Carole King and David Palmer

20

Saxophone solo ad lib.

(You Make Me Feel Like)
A Natural Woman

Words and Music by Gerry Goffin, Carole King and Jerry Wexler

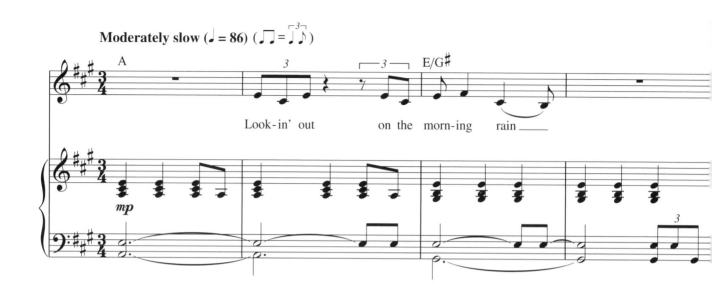

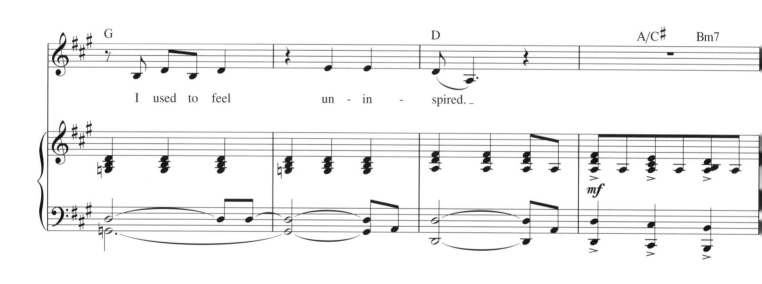

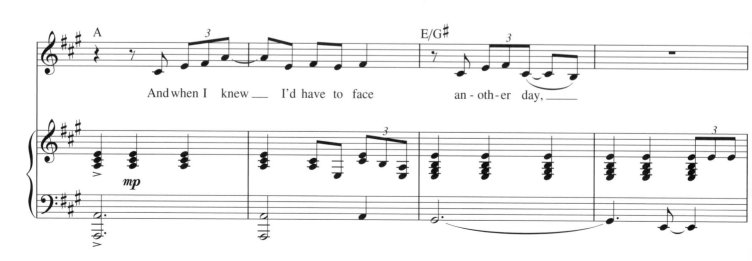

till your kiss helped me name it.

Now I'm no long-er doubt - ful ___ of what I'm liv-in' for, ___ 'cause

if I make you hap - py, I don't need to do ___ more. ___ You make me

feel, ___ you make me feel, ___ you make me

feel like a nat - u - ral wom - an. ___

Oh, ___ ba - by, what you done to me (what you done to me);

you ___ make me feel ___ so ___ good _____ in - side (good in - side),

and I just ___ wan - na be (wan - na be)

So Far Away

Words and Music by Carole King

face at my door. ___ It does-n't help ___ to know ___ you're just

time a - way. ___ Long a-go ___ I reached for you and

there you ___ stood. _____ Hold-ing you a-gain could on - ly ___

(Background harmony)

do me ___ good. How I wish ___ I could, but you're so

rather spend ___ it be-in' close to you, ___ but you're so

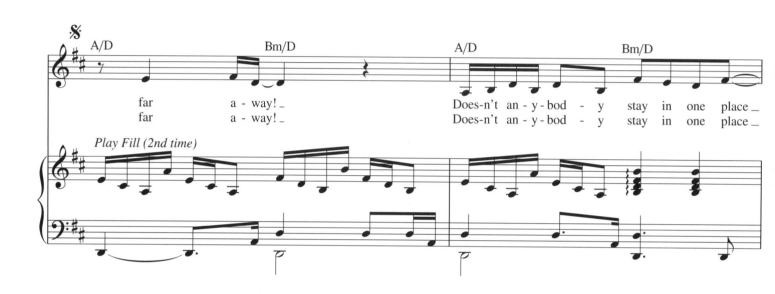

far a-way! _
far a-way! _

Does-n't an-y-bod-y stay in one place ___
Does-n't an-y-bod-y stay in one place ___

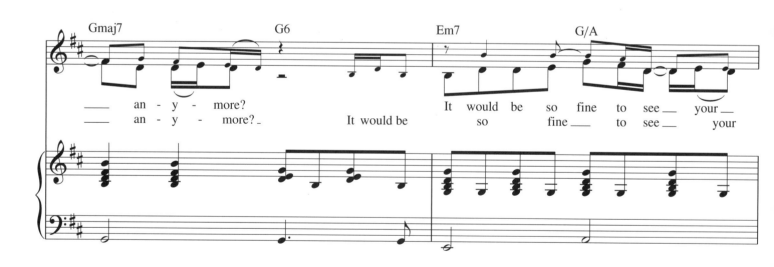

___ an-y-more?
___ an-y-more? _

It would be so fine to see ___ your ___
It would be so fine ___ to see ___ your

Fill

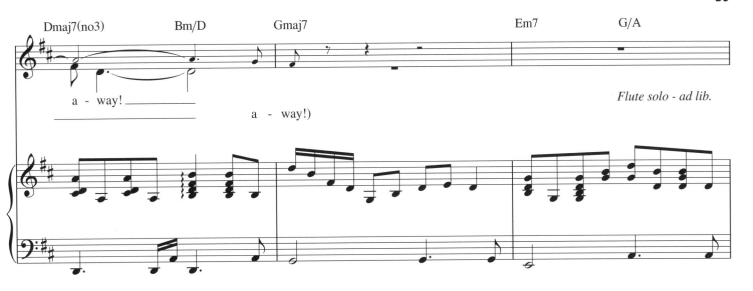

a - way! _____

a - way!)

Flute solo - ad lib.

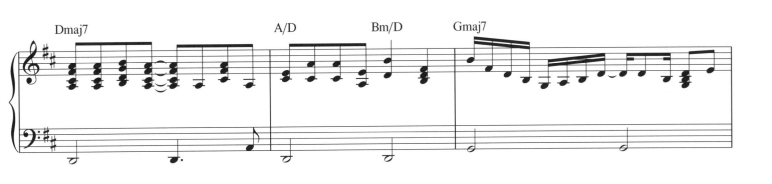

Repeat and Fade

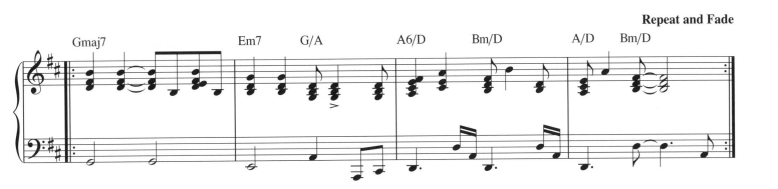

Sweet Seasons

Words and Music by Carole King and Toni Stern

- sons on ___ my mind. _____

Sure does ap-peal to me; ___ you know we can get there ___ eas - i - ly, ___

just like a sail - boat sail - ing on ___ the ___ sea. ___

Lead Vocal

Some-times you win, some-times _

_ you lose, and most times you choose be - tween _ the two. _ Oh, _____

Background Vocals

(be) - tween _ the two. _ Oh, _____

_ won-der - in', won - der - in' if you have _ made _ it.

_ won - der - in' if you have _ made _ it.

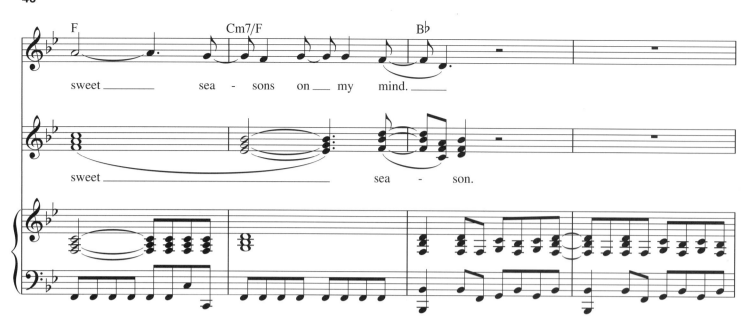

sweet _____ sea - sons on __ my mind. _____

sweet _____ sea - son.

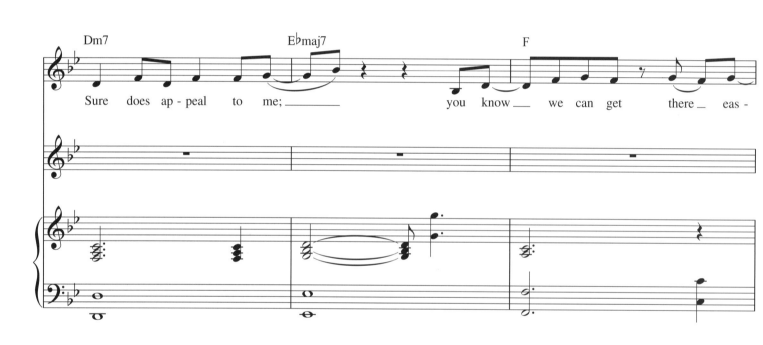

Sure does ap - peal to me; _____ you know __ we can get there __ eas -

- i - ly, just like a sail - boat a - sail - ing on __ the __ sea.

Just like a sail - boat sail - ing on __ the __ sea. __

You've Got a Friend

Words and Music by Carole King

(Play L.H. in octaves 2nd time)

close your eyes ___ and think of me ___ and soon I ___ will be there ___
keep your head ___ to - geth - er ___ and call ___ my name out loud; ___

to bright - en up ___ e -
soon you'll hear me knock -

Play Fill 1 (2nd time)

- ven your dark - est night. ___
- in' at ___ your door. ___

You just call

Fill 1

out my __ name, and you know wher-ev-er I am __

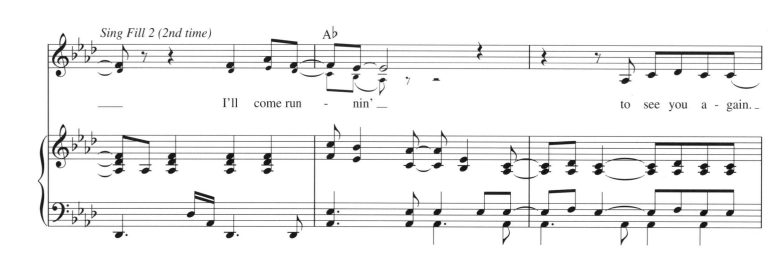

Sing Fill 2 (2nd time)

__ I'll come run - nin' __ to see you a-gain. __

(Background harmony 2nd time only)

__ Win-ter, spring, sum-mer or fall, _

Fill 2 (Vocal)

__ I'll come run - nin', _ run-nin' yeah, yeah, __ to see you a-gain. __
(I'll come run - nin', _ yeah.) _____

Will You Love Me Tomorrow
(Will You Still Love Me Tomorrow)

Words and Music by Gerry Goffin and Carole King

* Recording begins at ♩ = 69 and accelerates during verse 1 to ♩ = 80.

* Top bkg. vocal note written one octave higher than sung throughout.

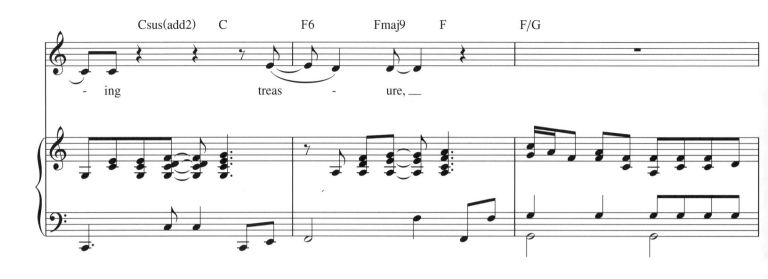

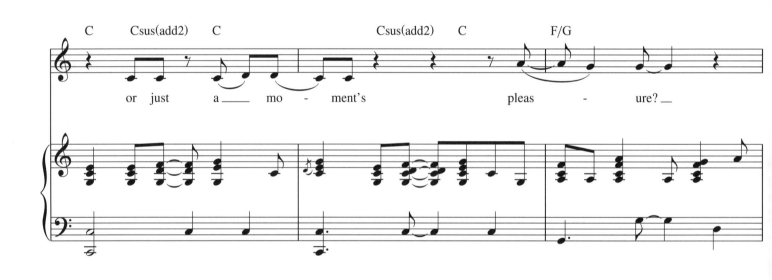

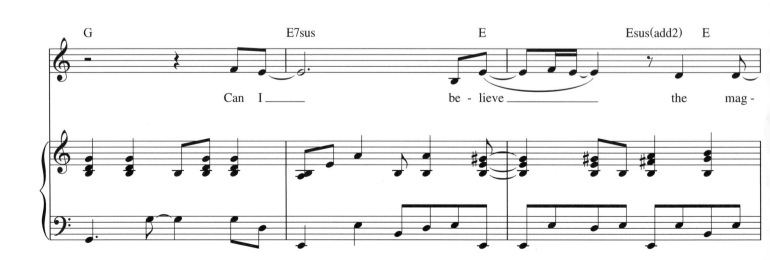

be sure ___ of, ___ so

tell me now, _____ and I ___ won't ask ___ a - gain: ___

will you still love ___ me to - mor -

Background Vocals

will you still love ___ me to - mor -

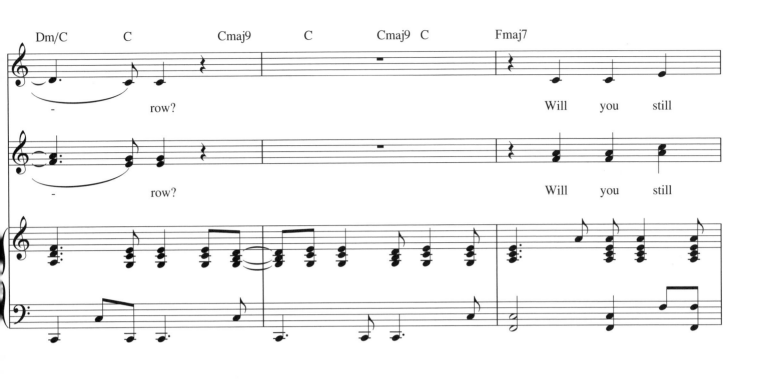

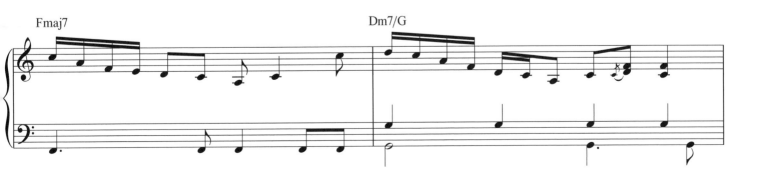

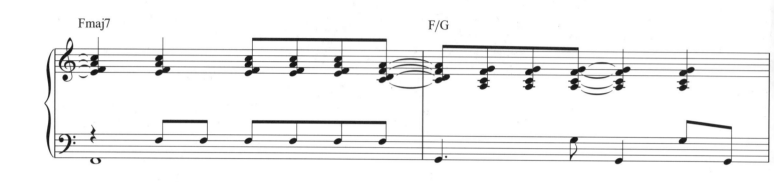